JAPANISCHER FRUEHLING
NACHDICHTUNGEN JAPANISCHER LYRIK

HANS BETHGE

Urheberrecht © 2022 Culturea
Verlag: Culturea (34, Herault)
Druck: BOD - In de Tarpen 42, Norderstedt (Deutschland)
ISBN: 9782385083366
Erscheinungsdatum: September 2022
Layout und Design: https://reedsy.com/
Dieses Werk wurde mit der Schrift Bauer Bodoni komponiert
Alle Rechte für alle Länder vorbehalten.

DIE SCHÖNE NUNA-KAWA-HIME SPRICHT ZUM GOTT DER ACHTMALTAUSEND SPEERE

AUS ARCHAISCHER ZEIT

Wenn erst die Sonne hinterm Berg verschwand,
In rabenschwarzer Nacht komm ich heraus,
Und du wirst nahen wie die Morgenröte,
Mit Lächeln und mit strahlendem Gesicht.
Und deine Arme, die so schimmernd weiss
Wie Taku-Rinde glänzen, wirst du zärtlich
Auf meinen Busen legen, der dem Schnee
An Zartheit gleicht. Und eng verschlungen werden
Wir liegen und uns kosen und die Arme
Als Kissen unters Haupt uns betten, während
Die Schenkel nahe beieinander ruhn.

Sprich mir von Liebessehnsucht nicht zu sehr,
Du grosser Gott der achtmaltausend Speere!

Wenn erst die Sonne hinterm Berg verschwand,
Komm ich heraus.

DIE WARTENDE

KAISERIN IWA NO HIME

Bis dass der weisse Reif des Alters sich
Auf meine rabenschwarzen Haare legt.
Will ich mein ganzes langes Leben durch
Nichts weiter tun als warten, warten, warten
Auf dich, den meine ganze Seele liebt.

LIEBESWERBUNG

KAISER YURYAKU

Du schönes, schlankes Mädchen mit dem Korbe,
Du schönes, schlankes Mädchen mit dem Spaten,
Das dort am Hügel emsig Kräuter pflückt!

Sag mir, wo ragt dein Haus, ich bitte dich,
Und nenne deinen Namen mir! Im ganzen,
Vom Himmel treu geliebten Lande Japan.

Bin ich der Herrscher! Und mein Herz wünschtinnig.
Dich als Gemahlin heimzuführen, Holde!
Ich bitte dich, wer bist du,—sag es mir!

DER GLÜCKLICHE

MUNETO

Ihr sagt, dass ich ein Wilder sei. Nun gut.
Ich bin den Vögeln im Gebüsch befreundet
Und kenne alle Bäume. Und die Blumen.

Auf bunter Bergflur blühen nur für mich,
Und das Geraun des Waldes kündet mir
Geheimnisvoll die Wunder der Natur.

Ja, ich bin reich! Dich neid ich nimmermehr,
Geschmeidiger Hofmann in dem seidnen Kleide,
Denn du hast nichts, was meinem Glücke gleicht.

IN ERWARTUNG

PRINZESSIN NUKADA

Ich wartete auf dich, von Sehnsucht fast
Verzehrt,—da, ein Geräusch: du nahst! du nahst!

Zu früh gejubelt, sehnsuchtsbanges Herz!
Es war der trügerische Wind des Herbstes,
Der raschelnd durch den Bambusvorhang fuhr.

DAS ELEND DER WELT

OKURA

Die Welt ist elend, jammervoll
Und nimmer wert, dass wir sie lieben.
O weh, dass ich kein Vogel bin!
Ich wünschte, dass ich Flügel hätte,
Um ihr für immer zu entfliehn.

EINSAM

HITOMARO

Trostlos, allein zu schlafen diese Nacht,
Die endlos lang ist, wie der lange Schweif
Des Goldfasanen, dessen helle Stimme
Ich von dem Berg herüberklingen höre.

DIE GELIEBTE IM SEGELBOOT

HITOMARO

Rings um die Küste braut der Morgennebel
Und hüllt in graue Dämmerung Land und Meer.

Mit neidischem Sinn verbirgt er meinen Augen
Das Segelboot, nach dem mein Herz sich sehnt.

Voll unruhvollen Klopfens: denn ich weiss,
Dass meine Liebste darin kommen wird.

KRIEGSZUG

HITOMARO

Da tat der Held das Schwert um seinen Leib
Und nahm den Bogen in die feste Hand
Und schritt dem Heer des Kaisers stolz voran.

Und alle Trommeln fingen an zu dröhnen
Wie Donnergroll, und die Drommeten klangen,
Dass man erschrak wie vor des Tigers Schrei.
Und hoch wie Feuerzungen flatterten
Die Fahnen,—ja, wie Feuer auf dem Felde
In Frühlingsnächten, von dem Wind entfacht,
So lohten flammend sie zum Himmel auf.
Und in der Hand der Krieger schwirrten jetzt
So fürchterlich die Bogen, dass man glaubte,
Ein grimmer Sturmwind jage mit Gebrüll
Durch den verschneiten winterlichen Wald;
Und so wie wilder Schneefall in der Luft
Sich ineinander schüttet,—also schwirrten
Die Pfeile durcheinander, dicht an dicht.

TRÜBES LIED

OZI

Die Blüten rieseln nieder. Dichter Nebel
Verbirgt den See. Die wilden Gänse rufen
Erschreckt am heiligen Teich von Iware.

Düstere Träume schatten um mein Haupt.
Mein Herz ist schwer. Wenn übers Jahr die Gänse
Von neuem rufen, hör ich sie nicht mehr.

AN DEN SCHNEE

KAISER MOMMU

Die Wolken sind von Flocken ganz erfüllt,
Der Wald scheint voll von weissen Weidenkätzchen,
Das ganze Firmament ist schimmernd hell,
Vom Wind getrieben weht der Schnee am Flusse,—
Wenn ich die weissbedeckten Pflaumenbäume
In meinem Garten sehe, möcht ich glauben,
Sie blühten schon vom Frühling ganz und gar.

DER FUJI-YAMA

AKAHITO

Zum Himmel schauend, sehe ich den Gipfel
Des Fuji-Yama gross und feierlich
Ins Ewige schimmern; also ragt er schon
Seit jenen Zeiten, da die Erde sich
Vom Himmel schied; blick ich zu ihm empor,
So ist mir, dass der Glanz der Sonne sich
Verdunkelt, und der milde Schein des Mondes
Verschwindet ganz; die weissen Wolken aber
Tragen Bedenken, über seinen Gipfel
Dahinzuschweben, und es sinkt der Schnee
Mit stiller Ehrfurcht sanft auf ihn hinab.

O Fuji-Yama, deine Herrlichkeit
Wird man noch preisen in den fernsten Tagen;
Bis zu der Dichter spätesten Geschlechtern
Wird deines Ruhmes Glanz nicht untergehn.

BETRACHTUNG

AKAHITO

Wenn stets der Kirschenbaum so wundervoll
Wie jetzt auf allen Höhen blühen würde,
Wir liebten seine schneeige Schönheit dann
Nicht so wie jetzt, da nur den Lenz sie ziert.

DIE TRAUERWEIDE

MUSHIMARO

Die Trauerweide auf dem Grab des Mädchens
Lässt ihre Zweige nur nach einer Seite
Hinüberhangen. Eines Jünglings Hügel
Erhebt sich dort. Wer möchte nun noch zweifeln,
Wem jenes toten Mädchens Liebe galt?

DER MOND

EDELDAME ISHIKAWA

Seht, wie er sieghaft durch die Wolken bricht!
Sein wunderbarer Glanz flicht Silbernetze,
Die über Land und Meer sich schimmernd breiten,
Auch über meinen Strand, wo nun die Steinchen
Des Sandes klar wie Diamanten schimmern.

FRÜHLINGS ENDE

KIBINO

Der Wind trieb alle Blütenblätter von
Den Zweigen weg. Der Frühling, der schon lange
Kränklich und blass war, ist geschwunden. Nur
Der süsse Duft der Pflaumenblüte blieb
Am Ärmel meines seidenen Gewandes
Gleich einem schönen, müden Traum zurück.

FRÜHLINGS ENDE

OKISHIMA

Im Bambushaine meines Gartens hör ich
Die Nachtigall mit müder Stimme klagen,—
Sie trauert, weil die weissen Pflaumenblüten
In Scharen von den Bäumen niederfallen,
Weil nun der Lenz mit seinen Wundern flieht.

IN DER FREMDE

YAKAMOCHI

Verbannt von meinem Kaiser, leb ich nun
Fünf Jahre schon in fremdem, wildem Lande,
Entbehrend deinen Anblick, süsses Weib.

Nie darf ich mehr zur Nacht mein müdes Haupt
Auf deinem lieben, weichen Arme betten;
Hör, was ich tat in meiner Einsamkeit:

Ich säte Nelken aus in meinem Garten;
Wenn sie in Blüte stehn, so denk ich immer
An dich, die meine schönste Nelke war.

Dies ist der einzige Trost, geliebtes Weib,
In meiner öden Fremde. Ohne ihn
Würf ich mein Leben unbedenklich ab.

HEIMWEH

YAKAMOCHI

Wenn sich der Abend niedersenkt und Nebel
Eintönig wallen übers graue Meer,
Und wenn die Kraniche mit müder Stimme
Ins Dunkel rufen, traurig anzuhören,—
Dann denk ich meiner Heimat, schmerzdurchweht.

DER BLÜTENZWEIG

FUJIWARA NO HIROTSUGU

Nimm diesen Blütenzweig! In jedem Blatte
Der zarten Blüten schlummert hundertfach
Ein Liebeswort aus unruhvoller Brust.

O weise meine Liebe nicht zurück!

DER FREUND DES WEINES

TABITO

Wenn ich nicht wäre, was ich bin: ein Mensch,—
Ich möchte eine Reisweinflasche sein,
Um recht nach Herzenslust in meinen Hals
Den edeln Saft zu saugen, den ich liebe.

AM UFER

UNBEKANNTER DICHTER

Von jenem Ufer winkt mir die Geliebte,
Hier stehe ich, mit ruhelosem Sinn,
Das Herz erfüllt von ungestümer Sehnsucht,
Und seufze, seufze endlos. Hätt ich doch
Ein rotlackiertes Schifflein jetzt zur Hand
Und auch ein Ruder, voller Kunst besetzt
Mit Edelsteinen,—hurtig wie der Wind
Lenkt ich hinüber, um mit ihr zu plaudern,
Und schmiegte glücklich mich an ihre Brust!

BITTE AN DEN HUND

UNBEKANNTE DICHTERIN

Wenn mein Geliebter in der Nacht
Den Binsenzaun durchbricht und leise
Zu mir hereinsteigt,—Hund, ich rate
Dir ernstlich: hülle dich in Schweigen,
Verrate ihn den Leuten nicht,—
Es soll dir gut gehn, lieber Hund!

DER TEICH

UNBEKANNTER DICHTER

Dir, Teich von Miminaschi, gilt mein Hass,
Denn meine Liebste hat verzweifelnd sich
In dich gestürzt und ist in dir ertrunken.
Warum bist du nicht schnell vertrocknet, als
Die Holde kam, in dir den Tod zu finden?
Ich hasse dich, erbarmungsloser Teich!

TRENNUNG

UNBEKANNTER DICHTER

Trotz aller Hindernisse,
Die dem eilenden Flusse
Entgegentreten:
Alle Wasser, die sich trennen,
Um Bänke und Riffe herum,
Strömen doch endlich.
Endlich wieder
Jubelnd zusammen!

VERTRAUEN

UNBEKANNTE DICHTERIN

Die Mutter hat aufs strengste mir verboten,
An deiner Brust zu schlafen, mein Geliebter,
Obwohl mir das Orakel klar verhiess,
Dass ich dereinst die Deine werden soll.
So lauter wie das nie getrübte Wasser
Des Teiches von Kiyosmi ist mein Herz
Und ist so tief auch wie der Grund des Teiches,
Und immer wird es deiner treu gedenken
Und wird vertrauend harren in Geduld,
Bis dass ich ganz mit dir vereinigt bin.

ÜBER DIE HEIDE

UNBEKANNTER DICHTER

Was für ein Mensch ist das, um dessentwillen
Du, schöne Frau, mit Mühe und voll Sehnsucht
Die Heide von Miyake überquerst?

Beschwerlich ists, durch das Gestrüpp zu wandern.
Qualvoll ist dieser Gang für Frauenlenden,
Weh, wenn dich deine Eltern sähen, Kind!

So zart wie weisses Linnen glänzt dein Antlitz,
Dein langes Haar ist dunkel wie das Innre
Der Mina-Muscheln, die das Meer ausspeit.

Ein Kamm aus Buchsbaum steckt in deinen Haaren.
Wem eilst du zu? Wer bist du, holdes Wesen?
O Götterlust, mein Weib eilt zu mir her.

Da sie die Sehnsucht nicht ertragen kann!

BANGNIS

UNBEKANNTE DICHTERIN

Ich lehne mich an deine Brust, Geliebter,
Und das Vertrauen, das ich in dich setze,
Ist so, als ob ich einem grossen Schiff
Mich anvertraute. Lang und immer länger
Denk ich an dich, so wie die Efeuranken
Hinkriechen an der Mauer, lang und länger.
O wären wir vor Unheil stets bewahrt!
Ich schlinge meinen Ärmel um die Schultern
Und stelle fromme Weihgefässe auf
Und flehe zu den Göttern, die im Himmel
Und auf der Erde walten, dass sie dir
Und mir und unsrer Liebe gnädig seien!

DIE SCHÖNE KURTISANE

UNBEKANNTER DICHTER

O liebliche Tamana, lächelnde
Verführerin, die Schlankheit deiner Lenden
Ist dem geschmeidigen Leib der Biene gleich.

Dein Busen ist von edler Form, du stehst
Wie eine Blume da, du hast ein Lächeln,
Dass alle Leute, die vorübergehn,

Die Schritte hemmen. Ungerufen naht sich
Die Schar der Männer, steht vor deinem Tore,
Von dir berauscht und voll Begehr nach dir.

Im Hause, das dem deinen nahe liegt,
Macht sich der Gatte von der Gattin frei
Und steckt dir zu den Schlüssel seiner Türe.

Vernarrt in dich ist alles. Du verstehst es,
Die Herzen zu gewinnen durch ein Lächeln,
Und Üppigkeit und Wollust sind dein Teil.

QUALVOLLE EIFERSUCHT

UNBEKANNTE DICHTERIN

Ich habe heut den ganzen langen Tag,
Seitdem die Sonne überm Horizont
Heraufkam, und die ganze lange Nacht,
In der ich schlaflos in das Dunkel starrte,
Getobt vor Jammer und geweint vor Wut!

Denn du, ich weiss es, hast in einer Hütte
(Ich möchte sie den Flammen übergeben!)
Auf alten, schlechten, strohgeflochtnen Matten
(Die wert sind auf dem Kehricht zu vermodern!)
Die plumpen Wangen einer Bauerndirne
Gestreichelt und geküsst, und hast in Liebe
Bei ihr geweilt die ganze lange Nacht!

VERGEBENES BEMÜHEN

UNBEKANNTER DICHTER

Dass wir uns lieben, hab ich abgestritten,
Mit heftigen Worten hab ich es geleugnet,
Ich habe mich so angestrengt mit Leugnen,
Wie man sich anstrengt, wenn man einen Lastkahn
Am Kap des leuchtenden Naniwa-Hafens
Mit einem Seile mühevoll dahinzieht,—
Und dennoch bin ich, nichts hat mir genützt,
In das Gerede aller Welt gekommen!

WUNSCH

UNBEKANNTER DICHTER

Nicht wertvoll scheint das Leben mir; jedoch
Da ich so sehr dich liebe, wünsch ich wohl,
Dass ich noch lange, lange leben möge,
Um lang noch meine Liebe zu geniessen.

DIE TRÄUME

FRAU KOMACHI

Seit ich im Traum den Mann seh, den ich liebe,—
Seit jener Zeit erst liebe ich der Träume
Buntfarbene Falter als das köstlichste
Geschenk der Nacht, das ich nicht missen möchte.

EINSAM

FRAU KOMACHI

Der Blüten holde Schönheit ist entwichen,
Der rauhe Regen hat sie ganz zerstört,
Indessen ich, zwecklos in diesem Dasein,
Einsam den Blick ins Leere schweifen liess.

DAS LOTUSBLATT

HENJO

Ganz ohne Makel, weiss und leuchtend, blüht
Das Lotusblatt. Es scheint ganz ohne Trug—
Und dennoch lügt es: denn das eitle will
Uns glauben machen, dass im edlen Schmucke
Von Diamanten es erstrahle,—und
Es sind doch Tropfen Taus nur, die es zieren!

FAMILIENSTOLZ

HENJO

Die Meinen sind so stolz, dass sie verlangen:
Der Name, den wir tragen, solle immer
So völlig unverfälscht sein wie die dunkle,
Von künstlichen Essenzen nicht berührte
Nachtfarbe meines ungekämmten Haars.

SCHWERMUT

PRINZ NARIHIRA

Wenn nie die Blüten auf den Kirschenbäumen
Erstünden, brauchte unser Herz auch nie
Zu klagen, wenn die holden Blüten sterben.

Dir gilt mein Hass, o Mond. Denn viele Monde,
Die sich allmählich aneinanderfügen,
Berauben mich der Wonnen meiner Jugend.

Ich weine meine Ärmel feucht bei Nacht,
Sie werden feuchter als vom Tau des Herbstes,
Denn du bist fern, der meine Sehnsucht gilt.

TAGELIED EINES MÄDCHENS

PRINZ NARIHIRA

Nimm dich in acht, o Hahn, der krähend von
Der Liebe Bett uns aufscheucht! Wenn der Tag
Erschienen ist, so schleudr ich in den Rachen
Des Fuchses dich, damit er dich vertilgt.

Der du den Liebsten mir so schnell, so schnell
Entführst durch dein abscheuliches Geschrei!

LIEBESKUMMER

PRINZ NARIHIRA

Da ich am Morgen durch die Büsche ging
Des taubenetzten, herbstlichen Gefildes,
Nässt ich den Ärmel mir. Doch ganz durchfeuchtet
Ward er erst nachts von meinen vielen Tränen,
Da jene mich allein liess, die ich liebe.

SEHNSUCHT NACH DER NACHTIGALL

TOMONORI

Ich will den Frühlingswind, o Nachtigall,
Mit weichen Blumendüften zu dir senden,
Damit sie dir den Weg herüberweisen
In unsre Flur,—wir warten schon so lang!

DAUER IM WECHSEL

TOMONORI

Der Kirschbaum stand in Blüten. Schwarz und jung
Fiel mir das Haar vom Haupt, indes ich tanzte.

Der Kirschbaum stand in Blüten. Frisch und jung
Erglänzten sie,—mein Haar war grau geworden.

Heut wieder blüht der Kirschbaum. Himmlisch jung
Wie immer lächeln seine Blüten nieder,—

Mein Haar ward weiss, ich stehe sinnend da.

GLEICHE SEHNSUCHT

TOMONORI

Der Abend kommt herab. Nun wandr ich an
Den Sao-Fluss, im Windhauch seines Ufers
Die Freundin zu erwarten. Was erklingt
Im Dunkel so voll Sehnsucht? Horch, das ist
Der einsam-schwermutvolle Ruf der Möwe,
Die sich nach der Gefährtin sehnt, wie ich.

DIE WILDGANS

OCHI

Vorüber ist die böse Winternacht.
Der Lenz zog ein. Dort durch die Silberwolken
Breitet die Wildgans kreischend ihre Flügel.

Sie strebt nach Norden, wo seit Monden schon
Das Mädchen weilt, nach dem mein Herz sich sehnt.
O Wildgans, nimm mich mit auf deinen Flügeln!

FRÜHLINGSREGEN

OTOMO KURONUSHI

Sie weinen alle, da die Kirschenblüten
Zur Erde rieseln. Dieses fällt mir ein:
Ob wohl der Regen, der im Frühling fällt,
Die Tränenflut der trauernden Menschen ist?

BETRACHTUNG

FRAU ISE

Am Ufer von Naniwas Seebucht seh ich Rohr
Mit kleinen Spannen schwanken in dem feinen Windhauch.

Gelehnt an deine liebe Schulter, muss ich denken,
Ob ich wohl leben könnte, wenn mich das Geschick.

Die allerkleinste Spanne Zeit von dir entfernt
Zu weilen zwänge, mein zu sehr Geliebter!

TRÜBSINN

MITSUNE

Du flohest in die Berge, voller Hass
Gegen die Welt. Wenn in den Bergen nun
Dich auch der dunkle Trübsinn überfällt,—
Wohin dann willst du weiter fliehn, o Freund?

HEUTE!

MITSUNE

Bald wird der Sturmwind durch die Fluren heulen
Und Laub und Früchte von den Bäumen schütteln
Und Blüten knicken, wo er immer weht.
Drum, willst du Blüten pflücken,—tu es heute!
Vielleicht, vielleicht ists morgen schon zu spät.

AN EINEN FREUND

MITSUNE

Du kommst nur, um die Blumen blühn zu sehen
Bei meinem Hause. Sind sie erst verwelkt,
So weiss ich wohl, dass ich mich Tag für Tag
Umsonst nach deinem Kommen sehnen werde.

ERINNERUNG

TADAMINE

Da ich von ihr auf ewig schied, stand fühllos
Und blass der Mond am Morgenhimmel da.

Nichts quält mich schrecklicher seit jenem Morgen,
Als wenn ich in der Frühe, müd erwacht,
Den Mond in fahler Dämmerung hängen seh.

FROMMER WUNSCH

TADAMINE

Ich wünschte wohl, dass ich in Mondschein mich
Verwandeln könnte. Endlich würde dann
Das Mädchen, das ich so voll Inbrunst liebe.
Mit schmachtendem Gefühle mich betrachten,
Während es jetzt nur grausam zu mir ist.

HALTLOS

TADAMINE

So wie die Wasserlinsen auf dem Fluss
Ganz wurzellos und ohne jeden Halt
Hierhin und dahin ziehn: so treib auch ich
Haltlos umher im Strome meiner Liebe.

DAS KLAGENDE HERZ

FUKAYOBU

Vergleichbar einer Wildgans ist mein Herz,
Das krank von Sehnsucht dir entgegenschlägt.
Es irrt umher und klagt voll banger Unruh,
So wie die Wildgans in dem Meer der Luft.

DIE ALLERERSTEN BLÜTEN

MASAZUMI

Froh sprudeln durch die Ritzen nun des Eises,
Das vor dem Lenz zergeht, die weissen Wellen
Des Giessbachs auf: die ersten weissen Blüten
Des lieben Frühlings möchten sie uns sein.

DAUERNDE ERINNERUNG

KI NO ARITOMO

Ich wünsche ein Gewand mir von der Farbe
Der Kirschenblüten. Wenn die Blüten dann
Schon lang verwelkt sind, werd ich immer doch
Durch mein Gewand an ihre Lust gemahnt.

JUBEL

TSURAYUKI

Was seh ich Helles dort? Aus allen Gründen
Zwischen den Bergen quellen weisse Wolken
Verlockend auf,—die Kirschen sind erblüht!
Der Frühling ist gekommen, wunderbar!

BLÜTEN UND HERZEN

TSURAYUKI

Ihr meint, zu balde weht die Kirschenblüte
Im Wind dahin? Ach, flüchtiger ist manches.
Verändert sich das Herz des Menschen nicht
Oft schneller, als ein Windhauch sich erhebt?

SCHNEE IM FRÜHLING

TSURAYUKI

Der Frühling naht mit seinem Dunst. Die Bäume
Setzen schon Knospen an. Doch von dem Himmel
Fällt Schnee auf Schnee, als wollt er nimmer enden.
Wie sonderbar,—nun sinken Blüten nieder,
Obwohl der Lenz noch keine Blüten schuf.

BLÜTENSCHNEE

TSURAYUKI

Leis senkt sich Schnee auf uns herab, und dennoch
Weht lauer Windhauch zart an unsre Stirnen.
Geschah ein Wunder denn? O welch ein Schnee,
Des Heimat nie der Himmel war! Es ist ja
Der holde, duftgeborene Frühlingsschnee
Der Kirschenblüten!

SEITDEM ICH DICH LIEBE

ATSUTADA

Seitdem ich dich liebe,
Vergleiche ich meine Gefühle
Und meine kühnen Gedanken
Mit jenen, die ich früher hegte.

Und ich erkenne,
Dass ich früher
Ganz gedankenlos
Und, ach, ganz fühllos war.

GESTEIGERTE SEHNSUCHT

ATSUTADA

Sehr gross war meine Sehnsucht, eh ich zur
Geliebten kam. Doch jetzt, da ich bei ihr
Glückselige Zeit verbringen durfte, bin ich
Wohl ganz beschwichtigt und gestillt? O nein!
Viel mächtiger ist meine Sehnsucht nun,
Viel ungebändigter als je zuvor!

ANKUNFT DES FRÜHLINGS

UNBEKANNTER DICHTER

Noch glänzt der Schnee hernieder von den Bergen,
Doch regt sich schon der Frühling in dem Tal.
Die Tränen, die die Nachtigall geweint hat.

Und die zu Eis gefroren waren, tauen
Allmählich auf. Im holden Duft der Tage
Erklingt nun bald das Lied der Frühlingsbraut.

Der Nebel, der noch um die Büsche schleift.
Ist nur ein leichtes, schmächtiges Gewebe,—
Ein Windhauch durch die Flur—und er zerstiebt.

Wie herrlich glänzt die Weide schon am Bach!
Auf ihrem dünnen, wallenden Gezweige
Reiht sich der Tau zu silbernen Perlen auf.

Und gar der Pflaumenbaum! Er steht schon prunkend
Im Kleide seiner weissen Blüten da,
Verklärend jedes Auge, das ihn schaut.

Welch holdes Wesen war es, das ihn leise
Gestreift hat mit dem seidnen Saum des Ärmels,
Da es versonnen ihm vorüberging?

LIEBE

UNBEKANNTER DICHTER

Die Liebe rast durch meine Brust,
So wie durch weite, dunkle Wälder
Ein Berggewässer unterm Laub
Der ungeheuren Bäume rast.

Die Fichte trotzt auf Felsenhöhen
Fast ohne Nahrung Wind und Wetter.
Die Liebe braucht noch weniger Reichtum,
Um froh zu trotzen aller Welt!

DAS ALTER

UNBEKANNTER DICHTER

Wenn ich erfuhre, dass das Alter mich
Besuchen wollte,—flugs schlöss' ich die Tür,
Und "Ich bin nicht zu Hause!" würd ich rufen,
Und nimmermehr liess ichs zu mir herein.

LIEBEN UND STERBEN

UNBEKANNTER DICHTER

Wer hat der Liebe denn den Namen "Liebe"
Dereinst gegeben? Viel bezeichnender
Hätt er den Namen "Sterben" ihr verliehn,
Denn Lieben, das ist Sterben,—wahrlich, wahrlich!

DAS MÄDCHEN AUF DER BRÜCKE

UNBEKANNTER DICHTER

Das rauschende Gewässer Katashiwas
Ist überwölbt von einer schönen Brücke,
Der purpurroter Lack zum Schmuck gereicht.
Ein zartes Mädchen wandelt unbegleitet
Mit kleinen Füssen trippelnd drüber hin;
Ein blaues Kleid mit rotem Rande schmiegt sich
An ihre feinen Hüften wohlig an.
O wüsste ich, ob ihre Hand noch frei ist,
Ob nicht ein andrer schon dies Herz gewann!
Schnell sagt mir, wo sie wohnt! Ich wills versuchen,
Ob ich sie noch für mich gewinnen kann!

LIEBESQUALEN

UNBEKANNTER DICHTER

Die Ärmel meines Kleides sind durchfeuchtet
Von vielen Tränen. Allen, die mich fragen,
Sag ich, dass es vom Frühlingsregen sei.

Ich meinte immer, dass das Kraut Vergessen
Auf Beeten wachse. Nun hab ich erfahren,
Dass es in lieblosen Herzen blüht.

Unsinnig ist es, Worte hinzuschreiben
In fliessendes Gewässer. Doch der Gipfel
Des Wahnsinns ist es: seine Liebesträume.

Zu widmen einer Frau, die fühllos ist.

HERBST

UNBEKANNTER DICHTER

Die Gräser und die Bäume und die Blumen
Veränderten die Farben ganz und gar,—
Nur an des grossen Meeres Wellenblumen,
Den immer gleichen, kannst du nicht erkennen,
Dass nun der bunte Herbst gekommen ist.

SCHATTEN

UNBEKANNTER DICHTER

Ich bin vor lauter Sehnsucht abgemagert
Gleich einem Schatten. Könnt ich wenigstens
Ersetzen nun den Schatten der Geliebten,
Dass ich zu ihren Füssen weilen dürfte!

Jedoch auch dieser Dienst bleibt mir versagt.

SCHNEE

UNBEKANNTER DICHTER

Wenn so wie dort der Schnee gewaltig anwächst,
Sich auch die öden Nächte mehren würden,
Da du mir fern bist,—o ich wünschte wohl,
Dass mich das Dasein länger nicht bedrücke,
Dass ich so bald hinschwände wie der Schnee.

IMMER WIEDER

UNBEKANNTER DICHTER

Ich weiss es: alle Mühe ist umsonst,
Dir zu begegnen. Dennoch, immer wieder.
Geh ich hinaus und hoffe dich zu finden, —
Wie könnt ich ruhn, da ich voll Sehnsucht bin!

SCHLAFLOS

UNBEKANNTER DICHTER

In schlafgemiedner Nacht hör ich die Rufe
Des Kuckucks aus den Bergen klingen. Ach,
Bist du von Liebesschmerzen auch geplagt,
Dass du nicht schlafen kannst, o ferner Vogel?

UNERWIDERTE LIEBE

UNBEKANNTER DICHTER

Ich wünschte, dass es möglich sei, die Herzen
Der Menschen zu vertauschen. Dann, o Freund,
Nachdem mein armes Herz du eingetauscht.
Würdest auch du einmal begreifen lernen,
Wie Liebe quält, die nicht erwidert wird.

SEHNSÜCHTIGER GEDANKE

UNBEKANNTER DICHTER

Wenn du zur Blüte sprächest: Welke nicht,
Bleib an dem Zweige haften, den du zierst, —
Und es geschähe wirklich, was du wünschest, —
Gäb es wohl Holderes in dieser Welt?

DER DUFTENDE ÄRMEL

UNBEKANNTER DICHTER

Mein Ärmel duftet köstlich, da ich Blüten
Vom Pflaumenbaume pflückte. Dicht bei mir
Hebt plötzlich eine Nachtigall melodisch
Zu singen an, vom Duft herbeigelockt:
Die Holde meint, hier sei ein Baum erblüht.

DAS KOPFKISSEN

KANEMORI

O Fürst, Ihr bietet Euren Arm mir an
Als Kissen für die Nacht? Ich wag es nicht,—
Denn sicher: Eure Liebe wär verrauscht,
Bevor die Nacht noch in den Tag verrinnt;
Ich aber, recht entflammt erst, würde nimmer
Vor Liebesschmerz und Sehnsucht meine Ruhe
Zurückgewinnen,—darum quält mich nicht.

HEIMLICHE LIEBE

KANEMORI

Obgleich ich mir die grösste Mühe gebe,
Mein leidenschaftlich Fühlen zu verbergen,
Ist doch mein Angesicht so sehr verwandelt,
Dass jeder, den ich treffe, mich mit Schrecken
Befragt, welch eine Krankheit in mir wühle,
Da ich so ganz und gar verändert sei.

BEI BETRACHTUNG DES MONDES

UNBEKANNTE KURTISANE

Sehr weit von dir entfernt, betracht ich mit
Verliebtem Auge den gestirnten Himmel.

O! wenn der Mond sich jetzt in einen Spiegel
Verwandeln würde, mir dein Bild zu zeigen!

Doch er bleibt Mond und lacht nur meiner Qual.

UNMÖGLICHKEIT
OKI KASSI

Wie könnt ich deine wundervolle Schönheit,
Die allzu spröde, die ich ohne Hoffnung
Anbete, aus dem wirren Sinn mir reissen,
Da sie mir jede Nacht im Traum erscheint,
Um mir zu sagen, dass ich hoffen solle!

SCHWERMUT
TERANGE

Ich armer Tropf! Ein anderer besitzt
Das Herz des schönen Mädchens, das ich liebe.

Mir kommt die Trauerweide in den Sinn
Am Rande meines Gartens. Mir gehört.

Die Weide zwar, doch ihre Zweige schmücken
Des Nachbars Garten und den meinen nicht.

VERZWEIFLUNG
SIGEYUKI

So wie die Woge
Im Sturmwind
Am felsigen Ufer zerbricht,—
So zerschellt meine Liebe
An deines Hochmuts
Trotzigen Felsen,
Kalte Geliebte.

DIE VERLASSENE
UNBEKANNTE DICHTERIN

Freund, ahnst du nicht,
Wie unendlich traurig und lang
Die Nacht ist, vom Abend her
Bis zur schimmernden Morgenröte,
Wenn ich einsam, einsam, einsam
Seufzend daliege

Auf meiner tränenbefeuchteten
Binsenmatte?

Ahnst du das nicht?

NOCH EINMAL

FRAU IZUMI SHIKIBU

Noch einmal lass mich, o Geliebter,
Bevor ich diese Welt verlasse,
Dein liebes Antlitz wiedersehen,
Dass ich es tief in meine Seele
Einpräge und es mit mir nehme
Ins dunkle Land der Ewigkeit.

DIESELBE NACHT

FRAU INNO BETTO

Wie kommt es,
Dass ein und dieselbe durchwachte Nacht
Deinem Herzen die Ruhe gab.
Während sie mich
Für den Rest meines Lebens
Mit ganz wahnsinniger
Liebe erfüllt hat?

ERREGUNG

FRAU HORIKAWA

O Gott, ob er mir treu bleibt? Himmel! Himmel!
Ich weiss es nicht; ich weiss nur, dass mein Hirn,
Seitdem das Morgenrot ihn von mir riss,
So ganz verwirrt ist wie mein dunkles Haar,
Das seine Wildheit mir so wirr gemacht.

JAMMER DER ERDE

FUJIWARA NO TOSHINARI

Auf dieser Erde ward kein Weg gebahnt,
Dem Kummer und dem Elend zu entfliehn.

Selbst wenn ich in die tiefen Berge streife,
Wohin mich eine alte Sehnsucht zieht,
Tönt das Geschrei der abendlichen Hirsche
Wehklagend melancholisch an mein Ohr.

GEDANKEN

SAIGYO

So wie der Rauch des Fuji-Yama blass
Und ziellos in die windigen Lüfte steigt.
Um dann zu sterben an dem weiten Himmel:
So steigen die Gedanken, die ich hege,
Ziellos und zwecklos und auf flüchtigen Pfaden
Ins Blau hinein und schwinden spurlos hin.

SCHWERMUT

SAIGYO

Und wer in seinem Herzen noch so sehr
Verhärtet ist: ein Weh durchschauert ihn,
Und Schwermut senkt sich tief in sein Gemüt,
Wenn er zur Dämmrung aus den sumpfigen Wiesen
Die Schnepfen in den Abend steigen sieht.

VOM MOND

SAIGYO

Vom Mond soll ich in Versen zu euch reden?
O zwecklos. Denn wer könnte das begreifen,
Was mich erfüllt, was mich im Innersten
Bewegt und in mir aufblüht tief und dunkel.
Wenn sich mein Herz in unruhvollen Nächten
Zu dir emporhebt, o geliebter Mond?

ABSCHIED VON DEN BLÜTEN

SAIGYO

So innig hab ich mit den holden Blüten
Des Frühlings mich befreundet, dass mir scheint,
Wir seien eins geworden, sie und ich.
Da sie nun welken, von der Zeit bezwungen.
Und traurig hingehn, mich alleine lassend.
Füllt sich mein Herz mit namenlosem Jammer,
Und schluchzend nehm ich Abschied, fassungslos.

BLÜTEN

SAIGYO

Wie kommt es, dass die Blüten nimmermehr
Aufhören, meine Seele zu entzücken?
Ich habe längst mich von der ganzen Welt
Zurückgezogen; alles ist mir gleich.—
Wie aber kommt es, dass ich ganz beglückt
Beim Anblick einer schönen Blüte bin?

DAS ALTER

KIUTSUNE

Einst lagen volle Blumen, wie der Schnee so weiss.
Auf meinem schwarzen Haar; sie leuchteten
Und waren köstlich, doch der Sturm hat sie verweht.

Die weissen Blüten, die das Haupt mir heute zieren,
Sind nicht von jenen, die der Wind verweht.
Des Alters Blumen sind erblüht in meinem Haar.

STEUERLOS

SONE NO YOSHITAKA

So wie der Schiffer, der sein Steuerruder
Verlor auf wilder See, nun der Gewalt
Der Elemente preisgegeben hintreibt:
So fühl ich meine Liebe steuerlos
Hintreiben auf dem Meere des Gefühls.

AN DIE KIRSCHENBLÜTEN

SAKINO DAISOJO GYOSON

Duftige Kirschenblüten! Liebliche
Mitwisser meiner Qual! Zeigt doch ein wenig
Mitleid mit diesem Herzen,—denn nur ihr
Kennt ja mein grosses Weh; den andern allen
Muss ichs verschweigen, dass ich elend bin.

AN DIE WILDGÄNSE

PRINZ MUNENAGA

Eilt nicht so sehr, Wildgänse dort am Himmel,
In eure alte Heimat heimzukehren,—
Wisst ihr denn nicht, dass eurer Heimat Berge
Euch längst vergassen, da ihr ferne wart?

LIEBESBRIEF

UNBEKANNTE DICHTERIN

Gross ist mein Wunsch, dein Angesicht zu schauen.
Und gross ist meine Lust, mit dir zu plaudern,—
Doch muss ich solcher Freuden mich enthalten.

Denn wenn durch Zufall einer von den Meinen
Oder auch einer von den Nachbarn nur
Erführe, dass wir beieinander waren,

Ich würde Qualen leiden wegen des
Geschwätzes, das man führte. Dass mein Ruf,
Mein guter Ruf verloren ginge, war.

Mir völlig gleich. Doch würd ich trostlos sein,
Wenn des verlornen guten Rufes wegen
Du weniger mich liebtest als zuvor.

VERGEBENES WARTEN AUS DEM SINGSPIEL MIIDERA

Ich harre meiner Liebsten in der Nacht.
Ich höre, wie die Glocke Stund um Stunde
Ins Dunkel ruft. Abscheulich ist fürwahr
Der Schrei des Hahns, wenn er die Liebenden,
Die sich umarmen, auseinanderreisst.
Doch er bedeutet nichts, verglichen mit
Der fürchterlichen Qual, da man umsonst
Mit wilder Sehnsucht auf die Liebste harrt!

UM MIT DIR ZU LEBEN

VOLKSLIED

Um mit dir zu leben, die ich liebe,
Wäre es mir recht,
In ärmlicher Hütte zu hausen,
Mich am Webstuhl zu mühen
Oder am Spinnrad.

Um mit dir zu leben, die ich liebe.
Wäre es mir recht,
Die Wäsche zu waschen
Im fliessenden Fluss
Oder das Gras in der Sonne zu schneiden.

DER LIEBESLAUT

KURTISANE SEGAWA

Da traf ein Laut, ein zarter Liebeslaut,
Der aus dem ersten Stockwerk kam, mein Ohr:
Und das war süss und lieblich wie das Säuseln
Der Frühlingsblumen, die um Mitternacht
Am More-Flusse ihren Duft verstreun.

DIE WEIDE IM WIND

UNBEKANNTER DICHTER

Die Sommerweide
Zeigt ihren schlanken Stamm,
Wenn der wehende Wind
Durch ihre feinen Zweige fährt.

Deine schlanken Füsse, meine Weide,
Sah ich heute,
Da der verliebte Wind
Kosend durch deine Kleider fuhr.

NACH DEM BADE

UNBEKANNTER DICHTER

Wenn sie dem Bad entsteigt, so flammt
Ihr schönes Antlitz feurig auf,
Dass sie dem roten Ahorn gleicht,
Der herrlich durch den Herbsttag glänzt.

BESCHRÄNKUNG

AUS DEM BUCHE YEHON CHITOSEYAMA

Ach, eng begrenzt ist der Besitz, den uns
Das Schicksal schenkt. Zuerst geht unsre Sehnsucht
Nach einem ragenden Gebirg. Sodann
Scheint uns ein Berg genug,—dann gar ein Hügel,
Und wird auch der uns nicht zuteil, so sind
Zufrieden wir mit einem Blütenbusch.

LEICHTES SPIEL

UNBEKANNTER DICHTER

Nichts leichter, als ein Mädchenherz
Beim milden Duft der Pflaumenblüten
Bis in die Tiefen zu betören
Durch Liebessang und Flötenspiel!

DIE MORGENGLOCKE

SANDARA

Wenn du, erbarmungslose Morgenglocke,
Den Schmerz der Liebestrennung ahnen würdest.
Du würdest nicht die wahre Stunde rufen
Beim Morgengrauen,—sondern würdest gerne
Bereit sein, lügnerisch die Zeit zu künden.

TÄUSCHUNG

YORIKITO

Ich glaubte, dass die weissen Blüten
Des Frühlings mir entgegentrieben.

Ich irrte mich. Es war das Glänzen,
Das Liebesglänzen deiner Schönheit.